The Happy Prince

행복한 왕자

행복한 왕자

First edition: April 2010

TEL (02)2000-0515 | FAX (02)2271-0172
ISBN 978-89-17-23759-7

YBM Reading Library 는 ...

쉬운 영어로 문학 작품을 즐기면서 영어 실력을 크게 향상시킬 수 있도록 개발된 독해력 완성 프로젝트입니다. 전 세계 어린이와 청소년들에게 재미와 감동을 주는 세계의 명작을 이제 영어로 읽으세요. 원작에 보다 가까이 다가가는 재미와 명작의 깊이를 느낄 수 있을 거예요.

350 단어에서 1800 단어까지 6단계로 나누어져 있어 초·중·고 어느 수준에서나 자신이 좋아하는 스토리를 골라 읽을 수 있고, 눈에 쉽게 들어오는 기본 문장을 바탕으로 활용도가 높고 세련된 영어 표현을 구사하기 때문에 쉽게 읽으면서 영어의 맛을 느낄 수 있습니다. 상세한 해설과 흥미로운 학습 정보, 퀴즈 등이 곳곳에 숨어 있어 학습 효과를 더욱 높일 수 있습니다.

이야기의 분위기를 멋지게 재현해 주는 삽화를 보면서 재미있는 이야기를 읽고, 전문 성우들의 박진감 있는 연기로 스토리를 반복해서 듣다 보면 리스닝 실력까지 크게 향상됩니다.

세계의 명작을 읽는 재미와 영어 실력 완성의 기쁨을 마음껏 맛보고 싶다면, YBM Reading Library와 함께 지금 출발하세요!

YBM Reading Library

책을 읽기 전에 가볍게 워밍업을 한 다음, 재미있게 스토리를 읽고, 다 읽고 난 후 주요 구문과 리스닝까지 꼭꼭 다지는 3단계 리딩 전략! YBM Reading Library, 이렇게 활용하세요.

Before the Story

Words in the Story
스토리에 들어가기 전,
주요 단어를 맛보며 이야기의
분위기를 느껴 보세요~

In the Story

★ 스토리
재미있는 스토리를 읽어요. 잘 모른다고
멈추지 마세요. 한 페이지, 또는 한 chapter를
끝까지 읽으면서 흐름을 파악하세요.

★★ 단어 및 구문 설명
어려운 단어나 문장을 마주쳤을 때,
그 뜻이 알고 싶다면 여기를 보세요.
나중에 꼭 외우는 것은 기본이죠.

"But her little boy is very sick," continued the Prince. "He has a fever, and is crying. She has no money to buy food. She only has river water to give him. Swallow, little Swallow, my feet are fixed and I cannot move. Please take the ruby from my sword, and give it to her."

"But I must fly to Egypt," said the Swallow. "My friends are waiting for me. They'll be flying up the Nile River now. And they'll be enjoying the warm sun and the lotus flowers. Soon they will see the tomb of the great Egyptian King."

★ "Swallow, little Swallow," said the Prince. "Please stay with me for one night. Be my messenger! The boy is ill, and his mother is very sad."

★★
- sick 아픈, 병든
- have a fever 열이 있다
- be fixed 고정되다
- move 움직이다, 이동하다
- give A to B A를 B에게 주다
- lotus flower 연꽃
- tomb 무덤
- Egyptian 이집트의
- messenger 심부름꾼, 전달자
- ill 아픈, 병든
- throw A at B B에게 A를 던지다 (throw-threw-thrown)
- hit 맞히다, 치다 (hit-hit-hit)
- mad 화가 난

1 take A from B B에서 A를 빼아내다(제거하다)
Please take the ruby from my sword. 내 검에서 루비를 빼아내렴.

★★★ 돌발 퀴즈
스토리를 잘 파악하고
있는지 궁금하면 돌발 퀴즈로
잠깐 확인해 보세요.

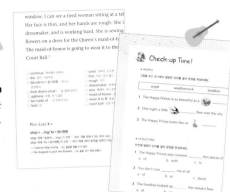

window, I can see a tired woman sitting at a tal...
Her face is thin, and her hands are rough. She i...
dressmaker, and is working hard. She is sewing...
flowers on a dress for the Queen's maid-of-h...
The maid-of-honor is going to wear it to the...
Court Ball."

□ continue 계속하다 싱싱하다
□ die 죽다, 사라지다
□ decide to + 동사원형 ~하기로
결정하다
□ look down on(at) ~을 내려다보다[보다]
□ ugliness 추함, 보기 싫음
□ be made of ~로 만들어지다
□ lead 납

○ solid 견고히, 순수한
○ thin 마른, 얇아 말라
○ rough 거친
○ dressmaker 양재사
○ sew 꿰매다, 바느질하다
○ maid-of-honor 시녀
○ wear A to B A를 B에...
○ court ball 궁중 무도회

Mini-Less ●ㅇ

stop +...ing/to + 동사원형
stop 다음 '동명사(...ing)'가 오면 '있던 것(동작)'을 하던 것 하지고,
stop 다음 'to + 동사원형'이 오면 '~하기 위해서 다른 동작(을) 멈추다'라는 뜻...
• I cannot stop crying. (나는 울음을 멈출 수 없다)
• He stopped to pick the flowers. (그는 꽃을 꺾기 위해 멈췄다)

Mini-Lesson
너무나 중요해서 그냥 지나칠 수 없는
알짜 구문은 별도로 깊이 있게 배워요.

"I don't like boys," replied the Swallow.
"Last summer two boys threw stones at me.
They didn't hit me,
but I'm still mad."

★ ★ ⑨ 행복한 왕자가 가난한
이에게 주려고 하는 것은?
a. ruby
b. sapphire
c. diamond

Check-up Time!

● WORDS
그림을 보고 보기에서 알맞은 단어를 골라 문장을 완성하세요.

angel   weathercock   swallow

1 The Happy Prince is as beautiful as a _____.
2 One night a little _____ flew over the city.
3 The Happy Prince looks like an _____.

● STRUCTURE
빈칸에 알맞은 단어를 골라 문장을 완성하세요.

1 The Happy Prince was covered _____ thin pieces of ...
   a. of   b. with   c. to
2 You don't care _____ me at all.
   a. of   b. at   c. about
3 The Swallow looked up _____ the statue's face.
   a. at   b. on   c. of

Check-up Time!
한 chapter를 다 읽은 후 어휘, 구문,
summary까지 확실하게 다져요.

Focus on Background
작품 뒤에 숨겨져 있는 흥미로운 이야기를
읽으세요. 상식까지 풍부해집니다.

After the Story

Reading X-File 이야기 속에 등장했던
주요 구문을 재미있는 설명과 함께 다시 한번~

Listening X-File 영어 발음과 리스닝 실력을 함께
다져 주는 중요한 발음법칙을 살펴봐요.

MP3 Files
www.ybmbooksam.com에서 다운로드 하세요!

YBM Reading Library

이제 아름다운 이야기가 시작됩니다

The Happy Prince

_ Before the Story

_ In the Story

Oscar Wilde (1854~1900)

오스카 와일드는…

아일랜드 더블린(Dublin)에서 안과 의사인 아버지와 시인인 어머니 사이에서 태어났다. 어머니의 영향으로 어려서부터 문학을 접하고 글쓰기를 시작한 그는 대학 시절 시를 발표하여 문단에 이름을 알릴 정도로 뛰어난 예술적 감수성을 지니고 있었다.

1888년에 단편 동화집〈행복한 왕자와 다른 이야기들(The Happy Prince and Other Tales)〉을 출간했으며, 이 중〈행복한 왕자〉는 그의 작품 중 가장 아름다운 동화로 알려져 있다. 1891년 두 번째 동화집〈석류의 집(A House of Pomegranates)〉을 출간한 이후, 그는 동화뿐 아니라 소설〈도리언 그레이의 초상(The Picture of Dorian Gray, 1891)〉, 희곡〈살로메(Salome, 1893)〉등 다양한 장르의 작품을 발표하여 큰 명성을 얻었다.

어린이들에게 꿈과 희망을 심어주는 기존의 동화들과는 달리 인간의 이기심과 물질주의를 비판하는 동화를 주로 썼던 오스카 와일드는 세계 문학사에 한 획을 그은 작가라는 평가를 받고 있다.

The Happy Prince
행복한 왕자는…

자신의 모든 것을 다 주고 진심으로 행복을 느끼는 왕자와 그런 왕자의 곁을 지키는 제비의 이야기이다.

행복한 왕자는 하늘 높이 솟아있는 기둥에서 도시를 내려다보는 동상으로, 순금과 아름다운 보석으로 화려하게 장식되어 있다. 어느 날, 이집트로 날아가던 작은 제비가 행복한 왕자의 도시에 오게 된다. 하룻밤 머물 곳을 찾던 제비는 행복한 왕자의 발치에서 잠을 청하다가 왕자의 눈물에 놀라 잠에서 깬다. 살아있을 때는 알지 못했던 주변 사람들의 가난과 아픔을 보며 슬퍼하던 왕자는 제비에게 금과 보석 등 자신의 모든 것을 나눠주라고 부탁한다. 왕자의 부탁을 들어주던 제비는 혹독한 추위를 견디지 못해 죽고 자신의 모든 것을 다 내어주고 초라하게 변해버린 왕자는 소각장으로 실려 가게 되지만, 이들은 진정한 행복이 무엇인지를 깨닫게 된다.

타인에 대한 희생이 얼마나 아름답고 위대한지를 보여주는 〈행복한 왕자〉는 완성된 지 100년이 지난 지금까지도 그 숭고한 희생 정신으로 전 세계 독자들에게 깊은 감동을 선사하고 있다.

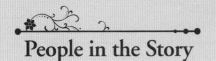

People in the Story

mayor & town councilors

자신의 의견만을 내세우는 시장과 시장의 의견에
무조건 찬성하는 시의원들. 행복한 왕자의 동상이
초라하게 변한 모습을 보고, 당장 끌어내리고
시장을 닮은 동상을 만들겠다고 결정한다.

dressmaker

궁녀의 드레스를 만드는 양재사. 가난
때문에 아픈 아들에게 음식을 줄 수 없어
슬퍼하지만 행복한 왕자의 루비를 받고
기뻐한다.

Happy Prince
과거 도시의 왕자였던 이의 동상.
자신의 몸에 박힌 보석과 금을 가난한
사람들에게 나눠주고 진정한
행복을 느끼지만 초라한
모습으로 변한다.

little Swallow
행복한 왕자의 곁에 머무르는 작은 제비.
이집트로 가는 길에 들른 도시에서
왕자의 부탁으로 금과 보석을 가난한
사람들에게 나눠준다.

poor young man
작가가 되기 위해 추위와 배고픔을
이겨가며 글을 쓰는 청년. 행복한 왕자의
사파이어를 받고 작품을 끝낼 수 있게
되어 기뻐한다.

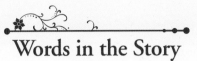

Words in the Story

sapphire
사파이어

swallow
제비

wing
날개

fine gold
순금

shoulder
어깨

ruby
루비

statue
동상

sword
검

column
기둥

children
아이들

mayor
시장

town councilors
시의원들

a Beautiful Invitation
– YBM Reading Library

The Happy Prince

Oscar Wilde

The Beautiful Golden Statue
아름다운 금색 동상

The statue of the Happy Prince stood high above
the city on a grand column.

He was very elegant and beautiful.

He was covered with thin pieces of gold.

He had two sparkling blue sapphires for his eyes.

And in the handle of his sword, a large red ruby
shone brightly.

Everyone in the city admired him very much.

"He is as beautiful as a weathercock, but not as [1]
useful," said a Town Councilor.

- □ golden 금색의, 금빛의
- □ statue 동상, 조각상
- □ grand 거대한, 웅장한
- □ column 기둥
- □ elegant 우아한, 고상한
- □ be covered with …로 덮여 있다
- □ thin 얇은, 가는
- □ sparkling 반짝이는
- □ sapphire 사파이어

- □ sword 검, 칼
- □ ruby 루비, 홍옥
- □ shine 빛나다, 반짝이다
  (shine-shone-shone)
- □ brightly 밝게
- □ admire 감탄하다, 칭찬하다
- □ weathercock (닭 모양의) 풍향계
- □ useful 유용한, 쓸모 있는
- □ town councilor 시의원

1 as + 형용사의 원급 +as …만큼 ~한
He is as beautiful as a weathercock.
그는 풍향계만큼 아름답네요.

"It's good that someone is happy in this city," ☀

a very sad-looking man mumbled.

"You should be like the Happy Prince,"

a mother told her crying boy.

"He never cries. He is always happy."

"He looks like an angel,"

some children said when they saw the statue.

One winter night, a little Swallow flew over the city.

He was flying to Egypt to meet his friends. They

had left many weeks earlier, but the Swallow had

stayed behind. He had fallen in love with a

beautiful Reed in the early spring.

☐ mumble 중얼거리다
☐ look like …처럼 보이다
☐ angel 천사
☐ swallow 제비
☐ fly over … 위를(상공을) 날아가다
  (fly-flew-flown)

☐ leave 떠나다 (leave-left-left)
☐ 기간+earlier …전에
☐ stay behind 뒤에 남다
☐ fall in love with …와 사랑에 빠지다
  (fall-fell-fallen)
☐ reed 갈대

Mini-Less☀n

가주어 it

영어에서는 주어가 길면 뒤로 보내고, 그 자리에 의미 없는 가짜 주어 it을 쓰는 경우가
많아요. 그래서 「It is+형용사+that+주어+동사」와 같은 형태의 문장이 만들어지죠.
이때 진짜 주어는 「that+주어+동사」라는 것을 잊지 마세요.

• It's good that someone is happy in this city. 이 도시에 누군가 행복한 사람이 있다니 다행이군.
• It is sad that you should leave early. 네가 일찍 떠나야 해서 슬프다.

She was tall and slim, and lived by the river with
lots of other reeds.

"I love you," said the Swallow.

He flew around her all through the spring and
summer.

The other swallows thought the little Swallow was
foolish.

"How can you fall in love with a Reed?"

they laughed.

☐ slim 날씬한
☐ all through ··· 내내
☐ foolish 바보 같은
☐ laugh (비)웃다
☐ relative 친척
☐ miss 그리워하다, 보고 싶어하다
☐ fly away to ···로 날아가다

☐ autumn 가을
☐ arrive (계절이) 오다
☐ leave ···의 곁을 떠나다, ···을 두고 가다
☐ after a while 얼마 후, 잠시 후
☐ feel lonely 외롭다 (feel-felt-felt)
☐ quiet 조용한, 말이 없는

"Miss Reed has no money and too many relatives,"
they cried.

"She won't miss you when you fly away to Egypt."

When autumn arrived, all the swallows flew away.

But the little Swallow stayed behind.

He didn't want to leave his beautiful Reed.

After a while he felt lonely. He missed his friends.

"She is too quiet," he said.

"And she is always playing with the wind.

I fear that she does not love me." [1]

---

1 **fear that**절 아무래도 …인 것 같다
  I fear that she does not love me.
  아무래도 그녀가 나를 사랑하지 않는 것 같아.

One day he asked her,

"Will you come with me to Egypt to play in the sun?"

"No," said the Reed. "I love my home here."

"You don't care about me at all," said the Swallow.

"I'm going to see the Pyramids.* Goodbye!"

The little Swallow flew all day.

정사각뿔 형태의 고대 유적으로 이집트,
중국, 중앙 아메리카 등의
여러 문명권에서 발견되고 있어요.

□ care about …에 신경을 쓰다, 관심을 갖다
□ not … at all 전혀 …않다

□ all day 하루 종일
□ rest 쉬다, 휴식을 취하다

That evening,

he arrived in the city of the Happy Prince.

"I'm very tired, but where can I rest for the night?"

he thought.

"I hope there are lots of good places to sleep

in this city."

Then he saw the
statue of the
Happy Prince.
"That looks like
a good place,"
he said.
"It's high up, and away
from people and animals.
And it has a lot of fresh air."
The Swallow flew up to the statue, and landed
between the feet of the Happy Prince.
He was amazed at the beauty of the golden statue. [1]
"It is so beautiful," he said.
"Now I have a golden bedroom."
The Swallow was almost asleep when a large drop
of water fell on him.

□ away from ⋯로부터 떨어진
□ fresh 신선한, 상쾌한
□ land ⋯에 착륙하다
□ feet 발들 (foot의 복수형)
□ beauty 아름다움, 미
□ bedroom 침실
□ asleep 잠든
□ drop (액체의) 방울

□ fall on ⋯에 떨어지다
□ cloud 구름
□ clear 맑은
□ bright 밝은
□ another 또 다른 (하나의)
□ tear 눈물
□ flow from ⋯에서 흘러 내리다
□ cheek 빰, 볼

"That's strange," he said.

"There are no clouds in the sky. The stars are clear
and bright."

Then he felt another drop.

"This isn't a good place," he said.

"I must find somewhere else to sleep."

But before he could fly away,
another drop fell on him.

He looked up at the golden ²
statue's face.

Tears were flowing from the
Happy Prince's eyes and
down his golden cheeks.

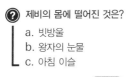

제비의 몸에 떨어진 것은?
a. 빗방울
b. 왕자의 눈물
c. 아침 이슬

정답 b

---

¹ **be amazed at** …에 감탄하다, 놀라다
He was amazed at the beauty of the golden statue.
그는 금색 동상의 아름다움에 감탄했다.

² **look up at** …을 올려다보다
He looked up at the golden statue's face.
그는 금색 동상의 얼굴을 올려다보았다.

Check-up Time!

● **WORDS**

그림을 보고 보기에서 알맞은 단어를 골라 문장을 완성하세요.

angel	weathercock	swallow

1 The Happy Prince is as beautiful as a _____.

2 One night a little _____ flew over the city.

3 The Happy Prince looks like an _____.

● **STRUCTURE**

빈칸에 알맞은 단어를 골라 문장을 완성하세요.

1 The Happy Prince was covered _____ thin pieces of gold.
   a. of   b. with   c. to

2 You don't care _____ me at all.
   a. of   b. at   c. about

3 The Swallow looked up _____ the statue's face.
   a. at   b. on   c. of

● COMPREHENSION

본문의 내용과 일치하면 T, 일치하지 않으면 F에 표시하세요.

1 The Happy Prince had two sapphires for his eyes.   ⬜ T   ⬜ F

2 A beautiful reed fell in love with the Swallow.   ⬜ T   ⬜ F

3 The Happy Prince tried to find a place to sleep.   ⬜ T   ⬜ F

4 The Swallow thought the Happy Prince was beautiful.   ⬜ T   ⬜ F

● SUMMARY

빈칸에 맞는 말을 골라 이야기를 완성하세요.

> The (   ) statue of the Happy Prince stood above the city on a column. Everyone in the city (   ) the beauty of the statue. One winter night, the little Swallow (   ) at the Happy Prince's city while he was flying to Egypt. When the Swallow was almost asleep between the Prince's feet, the Prince's (   ) fell on the Swallow.

a. admired   b. tears

c. arrived   d. golden

CHAPTER 2

The Happy Prince

행복한 왕자

"Who are you?" asked the little Swallow.

"I'm the Happy Prince," answered the statue.

"But you don't look happy," said the Swallow.

"You're crying, and I almost drowned in your
tears."

"I was alive once," said the Happy Prince sadly.

"I lived in a beautiful palace. All day I played in its
magnificent garden, and at night I danced in the
Great Hall.* I was very happy there, so my friends
called me the Happy Prince." [1]

궁전이나 성에 있는 넓은 공간으로
무도회나 파티 등이 열리는 곳이에요.

☐ **almost + 동사** …할 뻔 하다
☐ **drown** 물에 빠져 죽다, 익사하다
☐ **alive** 살아 있는
☐ **once** 한때는
☐ **palace** 궁전, 왕궁
☐ **magnificent** 훌륭한, 웅장한

☐ **at night** 밤에는
☐ **reply** 대답하다, 응답하다
　(reply – replied – replied)
☐ **sorrow** 슬픔
☐ **misery** 불행, 고통
☐ **outside of** …의 바깥쪽에

---

1 **call A B** A를 B라고 부르다
　My friends called me the Happy Prince.
　내 친구들은 나를 행복한 왕자라고 불렀어.

"Didn't you see the people of your city?"
asked the little Swallow.

"No," he replied.

"There were high walls around the garden.
I never went outside. I never knew about the
sorrow and misery outside of the walls."

The Prince continued,

"When I died, the Town Council decided to make a statue of me. Now I look down on all the ugliness ¹ and misery in my city. My heart is made of lead, but I cannot stop crying." ☼

---

¹ make a statue of   …을 닮은 동상을 만들다
  When I died, the Town Council decided to make a statue of me.
  내가 죽었을 때, 시의회는 나를 닮은 동상을 만들기로 결정했어.

"I thought he was made of solid gold,"
thought the Swallow.

But he said nothing.

"I see many terrible things," said the Prince.
"In the city there is a poor house. Through the
window, I can see a tired woman sitting at a table.
Her face is thin, and her hands are rough. She is a
dressmaker, and is working hard. She is sewing
flowers on a dress for the Queen's maid-of-honor.
The maid-of-honor is going to wear it to the next
Court Ball."

□ continue 계속해서 말하다
□ die 죽다, 사망하다
□ decide to + 동사원형 …하기로
  결정하다
□ look down on(at) …을 내려다보다
□ ugliness 추함, 보기 싫음
□ be made of …로 만들어지다
□ lead 납

□ solid 진짜의, 순수한
□ thin 마른, 살이 없는
□ rough 거친
□ dressmaker 양재사, 재봉사
□ sew 꿰매다, 바느질하다
□ maid-of-honor 궁녀, 시녀
□ wear A to B A를 입고 B에 가다
□ court ball 궁중 무도회

Mini-Lesson

stop + ...ing / to + 동사원형

stop 뒤에 「동명사(...ing)」가 오면 '...하는 것을 멈추다'라는 뜻이 되고,
stop 뒤에 「to + 동사원형」이 오면 '...하기 위해 (하던 동작을) 멈추다'라는 뜻이 된답니다.

• I cannot stop crying. 나는 울음을 멈출 수가 없어.
• He stopped to pick the flowers. 그는 꽃을 꺾기 위해 멈췄다.

"But her little boy is very sick," continued the Prince.
"He has a fever, and is crying. She has no money to
buy food. She only has river water to give him.
Swallow, little Swallow, my feet are fixed and I
cannot move. Please take the ruby from my sword, [1]
and give it to her."

"But I must fly to Egypt," said the Swallow.

"My friends are waiting for me. They'll be flying up
the Nile River now. And they'll be enjoying the
warm sun and the lotus flowers. Soon they will see
the tomb of the great Egyptian King."

"Swallow, little Swallow," said the Prince.

"Please stay with me for one night.
Be my messenger! The boy is ill, and his mother is
very sad."

□ sick 아픈, 병든
□ have a fever 열이 있다
□ be fixed 고정되다
□ move 움직이다, 이동하다
□ give A to B A를 B에게 주다
□ lotus flower 연꽃
□ tomb 무덤
□ Egyptian 이집트의

□ messenger 심부름꾼, 전달자
□ ill 아픈, 병든
□ throw A at B B를 맞히려고
  (공격적으로) A를 던지다
  (throw-threw-thrown)
□ hit 맞히다, 치다 (hit-hit-hit)
□ mad 화가 난

[1] take A from B B에서 A를 떼어내다(제거하다)
  Please take the ruby from my sword. 내 칼에서 루비를 떼어내렴.

"I don't like boys," replied the Swallow,
"Last summer two boys threw stones at me.
They didn't hit me,
but I'm still mad."

The Swallow looked up at the Happy Prince.

He looked sad, so the little Swallow felt sorry for him.

"It's cold here," he said,

"but I will stay with you for one night.

And I will be your messenger."

"Thank you, little Swallow," said the Prince.

So the Swallow took the ruby from the sword.

He flew over the white stone angels on the cathedral tower.

He passed by the palace and heard the sound of music.

Then the Swallow flew over the port and saw the lights on the ships. He went over the heart of the city and saw the merchants selling their goods.

□ feel sorry for ···을 안됐다고
　〔안쓰럽게〕 여기다
□ cathedral 대성당
□ pass by 지나가다
□ port 항구
□ light 불빛
□ heart of ···의 중심지
□ merchant 상인
□ goods 물건, 상품

At last he came to the dressmaker's house.

He looked through the window.

The woman looked very tired, and had fallen asleep. The little boy was in his bed.

He was hot and sweating, and moaning in his sleep. [1]

The Swallow flew in and dropped the ruby next to the woman's hand. [2]

Then he flew over to the boy.

He fanned his wings around the boy's head.

"I feel cooler," whispered the boy.

"Maybe I am getting better." ☀

Then he fell into a peaceful sleep.

- □ at last 마침내, 결국
- □ fall asleep 잠이 들다
- □ sweat 땀을 흘리다
- □ moan 신음 소리를 내다
- □ drop 떨어뜨리다, 놓다
- □ fan …로 부채질을 하다
- □ wing 날개
- □ whisper 작은(낮은) 목소리로 말하다, 속삭이다
- □ peaceful 평화로운

[1] **in one s sleep** 자면서, 잠결에
He was moaning in his sleep. 그는 자면서 신음 소리를 내고 있었다.

[2] **next to** …의 옆에
The Swallow dropped the ruby next to the woman's hand.
제비는 여자의 손 옆에 루비를 떨어뜨렸다.

Mini-Less☀n

get + 형용사의 비교급

'점점 더 …해지다'라는 표현을 만들고 싶다면 「get + 형용사의 비교급」을 쓰면 된답니다.

- Maybe I am getting better. 아마 내가 점점 더 좋아지고 있나 봐.
- My computer got slower. 내 컴퓨터는 점점 느려졌다.

The Swallow flew back to the Happy Prince.

"I have done what you asked," he said.

"I feel quite warm now although it is very cold."

"That is the happiness you feel because you did something good," said the Prince. [1]

The little Swallow was very tired, and fell fast asleep at his feet.

□ ask 부탁하다, 요청하다
□ quite 꽤, 상당히
□ although 비록 …이지만
□ happiness 행복
□ at one's feet …의 발치에서

□ have a bath 목욕을 하다
□ watch 관찰하다, 지켜보다
□ unusual 드문, 특이한
□ monument (기념비적인) 건축물
□ enjoy oneself 즐거운 시간을 보내다

Next morning, he flew down to the river and had a
bath. A man was at the river watching the birds.
When he saw the Swallow, he said,
"It is unusual to see a swallow in winter!"
"I will fly to Egypt tonight," thought the Swallow.
He visited all the great monuments in the city.
The Swallow enjoyed himself very much.

---

1 **something + 형용사** …한 일(것)
   Because you did something good. 왜냐하면 네가 좋은 일을 해서 그래.

 Check-up Time!

● WORDS

퍼즐의 빈칸에 들어갈 알맞은 철자를 써서 단어를 완성하세요.

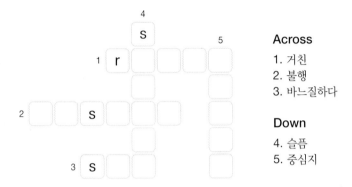

Across
1. 거친
2. 불행
3. 바느질하다

Down
4. 슬픔
5. 중심지

● STRUCTURE

괄호 안의 두 단어 중 알맞은 단어를 골라 문장을 완성하세요.

1 Maybe I am getting (best, better).

2 The Town Council decided (to make, making) a statue of me.

3 My feet are (fixed, fixing) and I cannot move.

● COMPREHENSION

다음은 누가 한 말일까요? 기호를 써넣으세요.

a.

Happy Prince

b.

Swallow

c.

boy

1 "I will be your messenger." ____

2 "My heart is made of lead." ____

3 "I feel cooler." ____

● SUMMARY

빈칸에 맞는 말을 골라 이야기를 완성하세요.

The Happy Prince told the Swallow about a ( ) woman and her sick son. She was a ( ) and had no money. The Happy Prince wanted to help her. So the Swallow took the ruby from the Happy Prince's ( ) and gave it to her. The Happy Prince and the Swallow felt ( ).

a. dressmaker　　　　b. sword

c. poor　　　　　　　d. happy

Swallow, Little Swallow

제비야, 작은 제비야

When the moon rose in the sky, the Swallow
flew back to the Happy Prince.

"Do you have any messages for me to take to
Egypt?" he asked.

"I'm almost ready to leave." [1]

"Swallow, little Swallow," said the Prince.

"Please stay with me for one more night."

"But I must go," he replied.

"My friends are waiting for me in Egypt.

They will fly to the great waterfall tomorrow.

They will see the lions with emerald green eyes. [2]

In the morning, they will go down to the water's
edge to drink."

☐ rise 뜨다, 떠오르다
  (rise-rose-risen)
☐ message 메시지

☐ waterfall 폭포
☐ emerald 에메랄드 빛의
☐ edge 가장자리

1 **be ready to + 동사원형** …할 준비가 되다
  I'm almost ready to leave. 저는 거의 떠날 준비가 되었어요.

² **with emerald green eyes** 에메랄드 빛의 녹색 눈을 가진
They will see the lions with emerald green eyes.
그들은 에메랄드 빛의 녹색 눈을 가진 사자들을 보게 될 거예요.

"Swallow, little Swallow," said the Prince.

"Please do not leave tonight.

Far away in the city, I can see a young man in a cold attic. He is sitting at a desk covered with papers. He is trying to write a play for the director of the Theater. But he is so cold and hungry that he cannot write anymore. He has no money to buy food or fuel. Please stay one more night."

The Swallow could not refuse the Prince.

"I will stay with you for one more night," he said.

"Do you want me to take another ruby to him?"

"I have no more rubies," sighed the Prince.

"All I have left are the two sapphires in my eyes.

They came from India many years ago.

Swallow, little Swallow, please take one to the

young man. He can sell it, and buy food and

firewood. Then he will finish his play."

? 행복한 왕자가 가난한 청년에게 주려고 하는 것은?
L a. ruby   b. food   c. sapphire

정답 ⊃

□ far away 멀리
□ attic 다락방
□ write a play 희곡을 쓰다
□ director 감독
□ theater 극장
□ not ... anymore 더 이상 …이 아닌

□ fuel 땔감, 연료
□ refuse 거절하다, 거부하다
□ sigh 한숨을 쉬다
□ all I have left 내게 남겨진 모든 것
□ sell 팔다 (sell-sold-sold)
□ firewood 장작, 땔감

Mini-Less☀n

See p.76

so + 형용사 (A) + that절 (B): 너무 (매우) A해서 B하다

'너무 (매우) …해서 ~하다'라는 표현을 쓰고 싶을 때는 so 다음에 형용사를 쓰고,
그 뒤에 that절을 쓰면 된답니다.

- He is so cold and hungry that he cannot write anymore.
  그는 너무 춥고 배가 고파서 더 이상 글을 쓸 수가 없어.
- She was so fast that she could win the race. 그녀는 매우 빨라서 시합에서 이길 수 있었다.

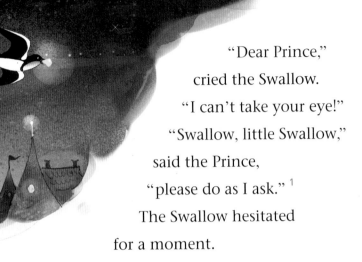

"Dear Prince,"
cried the Swallow.
"I can't take your eye!"
"Swallow, little Swallow,"
said the Prince,
"please do as I ask." [1]
The Swallow hesitated
for a moment.
He flew up to the Prince's head and pulled out one
of his eyes.

□ dear 사랑하는, 친애하는
□ hesitate 망설이다, 주저하다
□ for a moment 잠시 동안
□ pull out 뽑다
□ hole 구멍

□ roof 지붕
□ bury 묻다, 숨기다
□ flutter (새나 곤충의) 파닥거림
□ miracle 기적, 놀라운 일
□ happen 일어나다, 발생하다

1 **as** …하는 대로
Please do as I ask. 내가 부탁하는 대로 해다오.

Mini-Less☀n

See p.77

강조의 do: 정말로, 사실상
문장에서 동사를 강조할 때 「do+동사원형」의 형태를 써요. 이때 do는 원래 동사의
시제와 인칭에 일치시켜야 해요. '정말로, 사실상' 등으로 해석된답니다.

• Miracles do happen! 기적은 정말로 일어나는구나!
• He did climb Mount Everest. 그는 정말로 에베레스트 산에 올라갔다.

Then he flew away to the poor young man's attic.

There was a hole in the roof, and the Swallow flew in.

The young man had buried his head in his hands.

He didn't hear the flutter of the Swallow's wings.

After the Swallow left, he found the beautiful
sapphire on his desk.

"Miracles do happen!" he cried happily.☀

"Now I can buy food and firewood, and finish my
play!"

The next day, the Swallow flew down to the harbor.
He sat on the mast of a large ship, and watched the
sailors working.

"I'm going to Egypt!" he shouted.

But no one heard him.

When the moon rose into the night sky, he flew
back to the Happy Prince.

"I have come to say goodbye," he said.

"Swallow, little Swallow," said the Prince.

"Please stay with me one more night."

"It's winter," replied the Swallow.

"The freezing snow will come soon. In Egypt, the
sun is warm on the palm trees. The crocodiles lie
happily in the mud. And my friends are building
their nests in the Temple of Baalbec.*"

바알베크 신전은 세계에서 가장 거대한
로마제국의 신전으로 보존상태가 좋아
많은 관광객들이 방문한답니다.

□ harbor 항구
□ mast (배의) 돛대
□ sailor 선원, 뱃사람
□ shout 소리치다
□ say goodbye 작별 인사를 하다
□ freezing 차가운, 차디찬
□ palm tree 야자나무

□ crocodile 악어
□ lie 눕다 (lie-lay-lain)
□ mud 진흙
□ build one's nest …의 둥지를 틀다
   (build-built-built)
□ temple 신전, 사원

"But I need your help," said the Prince.

"Dear Prince, I must leave you," he said.

"But I'll never forget you. I promise to come back [1]
next spring. I'll bring you a sapphire for your eye
and a ruby for your sword."

"There is a little girl selling matches in the street
below," said the Happy Prince.

"Her matches have fallen into the gutter and now
they are ruined. Look, she is crying."

☐ forget 잊다
  (forget-forgot-forgotten)
☐ bring A B A에게 B를 갖다 주다
  (bring-brought-brought)
☐ match 성냥

☐ fall into …에 떨어지다
☐ gutter (도로의) 도랑, 배수로
☐ ruined 망가진, 못쓰게 된
☐ beat 때리다, 치다
  (beat-beat-beat(en))

1 **promise to + 동사원형** …하기로 약속하다
  I promise to come back next spring.
  저는 내년 봄에 다시 오겠다고 약속할게요.

Mini-Less⊙n

See p.78

강한 추측의 조동사 must

'…임에 틀림없다, 틀림없이(분명히) …일 것이다'라는 강한 추측을 나타내고 싶을 때는
조동사 must를 쓰면 된답니다. must 뒤에는 동사원형을 쓴다는 것도 꼭 기억하세요.

• She must be very cold. 그녀는 무척 추울 것임에 틀림없어요.
• It must be very expensive. 그것은 틀림없이 무척 비쌀 것이다.

The little Swallow looked down at the girl in the street.

"Oh, the poor little girl! She must be very cold," said the Swallow.

"She has no shoes or coat," said the Prince.

"Take my other eye and give it to her. Her father will beat her if she goes home with no money."

"I will stay one more night," said the Swallow.

"But I cannot take your other eye. You will be blind!"

"Swallow, little Swallow," said the Prince,

"please do as I ask."

So the bird took the Prince's last sapphire eye.

He flew down to the little girl and dropped it into
her hands. [1]

"What a pretty piece of glass!" cried the little girl.※

She happily ran home to show her father.

The Swallow flew back to the Prince.

"You are blind now," he said. "I will never leave you."

"Oh no, little Swallow," said the Prince.

"You must go away to Egypt. Your friends are waiting
for you."

"I will be your eyes," said the Swallow.

"And I will stay with you forever!"

The Swallow sat at the Prince's feet and fell asleep.

☐ blind 눈이 먼, 안 보이는   ☐ glass 유리 조각
☐ last 마지막의, 마지막 남은   ☐ forever 영원히

---

1 **drop A into B s hands** A를 B의 손에 떨어뜨리다
  He dropped it into her hands. 그는 그것을 그녀의 손에 떨어뜨렸다.

Mini-Less☀n

What + (a) + 형용사 + 명사 (+ 주어 + 동사)!

'정말 …이구나!'라는 감탄문은 What (a) 다음에 형용사와 명사를 쓰면 된답니다.
또 앞에 쓴 명사를 받는 대명사 주어와 동사를 뒤에 쓸 수도 있고 생략할 수도 있다는
점도 함께 알아 두세요.

• What a pretty piece of glass (it is)! (이것은) 정말 아름다운 유리조각이구나!
• What wonderful movies (they are)! (그것들은) 정말 멋진 영화들이구나!

Check-up Time!

● **WORDS**

다음 단어에 해당하는 그림을 찾아 연결하세요.

1 waterfall ·

· a

2 match ·

· b

3 firewood ·

· c

4 temple ·

· d

● **STRUCTURE**

괄호 안의 단어를 바르게 배열해 문장을 다시 쓰세요.

1 Miracles (happen, do)!

→ _____!

2 I'm (leave, to, ready).

→ I'm _____.

3 What a (piece of, pretty, glass)!

→ What a _____!

본문의 내용과 일치하면 T, 일치하지 않으면 F에 표시하세요.

1 The Happy Prince had messages to send
to Egypt. T F

2 A poor young man was writing a play
in his attic. T F

3 The Swallow gave his last ruby eye
to a poor girl. T F

4 The Swallow left for Egypt to meet his friends. T F

● SUMMARY

빈칸에 맞는 말을 골라 이야기를 완성하세요.

The Happy Prince wanted to give his eyes to the poor
people in the ( ). So he asked the Swallow to pull
out his eyes. The Swallow ( ), but he did as the
Happy Prince asked. The Happy Prince became ( ).
The Swallow decided not to go to ( ) and stayed
with him forever.

a. blind   b. Egypt

c. city   d. hesitated

ANSWERS

오스카 와일드의 단편에 등장하는 동물들!

Animals in
Wilde's
Short Stories!

In *The Happy Prince,* the little Swallow is one of the main characters. In Oscar Wilde's other short stories, various kinds of animals appear to teach us important lessons about life. Let's find out more!

〈행복한 왕자〉에는 작은 제비가 주인공으로 등장합니다. 오스카 와일드의 다른 단편에도, 우리에게 인생의 중요한 교훈을 가르쳐주기 위해 다양한 종류의 동물들이 등장하는데요, 좀더 살펴볼까요!

The Nightingale and the Rose 나이팅게일과 장미

The Nightingale and the Rose is the story of the Nightingale.
One day the Nightingale saw a young man crying. He was
crying because the woman he was in love with did not love him.
Instead, she asked the young man to bring her a red rose. But he
only found the white roses. So the Nightingale made a red rose
for him by piercing her heart on the white rose's thorn.
The Nightingale sacrificed her life for the young man.

〈나이팅게일과 장미〉는 나이팅게일에 관한 이야기에요. 어느 날 나이팅게일은
울고 있는 청년을 보게 돼요. 청년은 그가 사랑하는 여자가 자신을 사랑하지 않
았기 때문에 울고 있었어요. 대신, 그녀는 청년에게 붉은색 장미 한 송이를 갖다
달라고 합니다. 하지만 청년은 흰색 장미 밖에 찾지 못하죠. 그래서 나이팅게일
은 청년을 위해 자신의 심장이 흰색 장미의 가시에 찔리게 해 붉은색 장미를 만
듭니다. 나이팅게일은 청년을 위해 자신의 목숨을 희생한 것이랍니다.

The Devoted Friend 헌신적인 친구

In *The Devoted Friend,* a duck, a Green Linnet and a water-rat
were talking about love and devoted friendship. The water-rat said
devoted friendship was more important than love. But the Duck
and the Green Linnet did not agree with him. So the Green Linnet
told him about the tragic story of two friends. This story makes us
think about love and friendship.

〈헌신적인 친구〉에는 오리와 초록방울새, 그리고 물쥐가 사랑과 헌신적인 우정에 대해 이야기를
나눕니다. 물쥐는 헌신적인 우정이 사랑보다 중요하다고 말해요. 하지만 오리와 초
록방울새는 물쥐의 말에 동의하지 않죠. 그래서 초록방울새는 물쥐에게 두
친구의 비극적인 이야기를 해줍니다. 이 이야기는 우리에게 사랑과 우정에
대해 생각하게 한답니다.

Loyalty and Love

충성과 사랑

The Happy Prince was blind, so the Swallow sat on his shoulder each day. He told the Prince many stories about magical places in the world.
He described the Nile River, the Sphinx*, and the deserts of Africa.

인간의 머리, 사자의 몸, 독수리의 날개를 갖고 있는 그리스 신화에 나오는 상상의 괴물이랍니다.

He told the Prince about many animals like camels

and elephants. The Happy Prince enjoyed his stories.
"Swallow, little Swallow," said the Prince.
"You have seen a lot of interesting things.
But the most important thing of all is the suffering [1] of people. Fly over the city and tell me what you see." [2]

□ sit on …에 앉다 (sit-sat-sat)
□ shoulder 어깨
□ magical 신비한, 마법의
□ describe 설명하다, 묘사하다

□ desert 사막
□ camel 낙타
□ interesting 흥미로운
□ suffering 고통, 괴로움

1 **the + 형용사의 최상급 (A) + 명사 (B) + of all** 모든 것 중에서 가장 A한 B
The most important thing of all is the suffering of people.
모든 것 중에서 가장 중요한 것은 사람들의 고통이야.

2 **what you see** 네가 보는 것
Fly over the city and tell me what you see.
도시 위로 날아가서 네가 보는 것을 나에게 말해다오.

The Swallow became the Prince's eyes, and flew
over the city.
He saw the rich people living comfortably
in their big houses.

He saw the beggars sitting at their gates, waiting for
scraps of food.

And he saw the pale faces of starving children
looking out from the dark streets.

Under a bridge, he saw two little boys hugging
each other.

They were trying to stay warm.

But the watchman yelled at them. [1]

"Get out of here! You can't stay here."

Then he chased them out into the cold rain. [2]

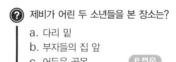

제비가 어린 두 소년들을 본 장소는?
a. 다리 밑
b. 부자들의 집 앞
c. 어두운 골목

□ comfortably 편안하게, 안락하게
□ beggar 거지
□ scraps of food 남은 음식
□ pale 창백한, 핏기 없는
□ starving 굶주린, 배고픈

□ look out from …에서 내다보다
□ hug 안다, 껴안다
□ stay + 형용사 …인 채로 있다
□ watchman 순찰대원, 경비원
□ Get out of here! 여기에서 나가!

1 yell at …에게 소리를 지르다
   The watchman yelled at them.
   순찰대원이 그들에게 소리를 질렀다.

2 chase A out into B A를 B속으로 쫓아 보내다
   He chased them out into the cold rain.
   그는 그들을 차가운 빗속으로 쫓아 보냈다.

The Swallow flew back and told the Prince
everything.

The Happy Prince was very sad.

"I am covered with fine gold," he said.

"Please take my gold, and give it to
the poor people."

The Swallow peeled off
the fine gold and took
it to the poor people.
When the gold had
all gone, the Prince
looked gray and shabby.
But the people in the
streets had big smiles
on their faces. [1]

"We have bread now!" they shouted happily.
This made the Happy Prince happy again. ☀

□ fine gold 순금
□ peel off (껍질을) 벗겨내다
□ gray 회색의
□ shabby 초라한, 허름한

1 **have smiles on one s face** 얼굴에 미소를 짓다
The people in the streets had big smiles on their faces.
거리의 사람들은 얼굴에 환한 미소를 지었다.

Mini-Less☀n

make + 목적어 (A) + 형용사 (B): A을 B하게 만들다 (하다)

• This made the Happy Prince happy again.
이것이 행복한 왕자를 다시 행복하게 만들었다.

• The letter made her sad. 편지가 그녀를 슬프게 만들었다.

Heavy snow fell on the city.
The poor little Swallow grew colder and colder.
But he loved the Prince and knew he would never
leave him. He ate the crumbs of bread outside a
bakery. He tried to keep himself warm
by flapping his wings.
But he knew that he would die soon.

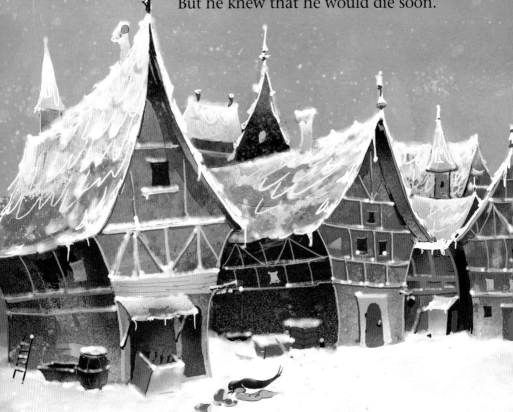

1 **It is time + for + 목적어(A) + to + 동사원형(B)** 이제 A가 B할 시간이다
It is time for you to leave this place. 이제 네가 이곳을 떠나야 할 시간이야.

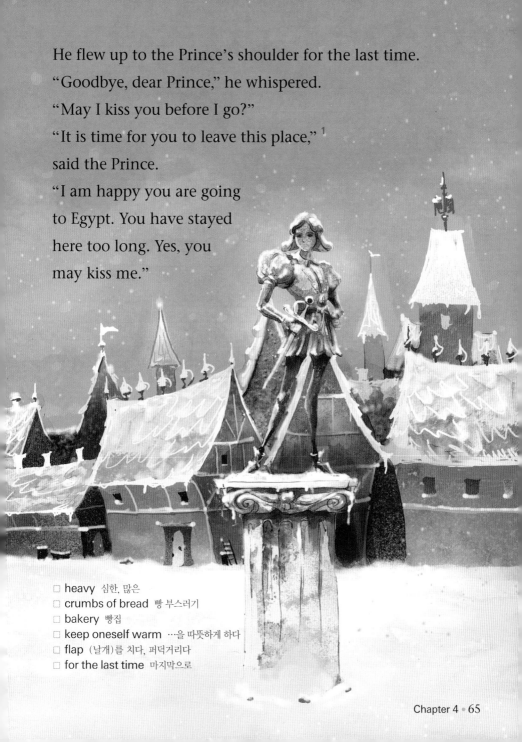

He flew up to the Prince's shoulder for the last time.

"Goodbye, dear Prince," he whispered.

"May I kiss you before I go?"

"It is time for you to leave this place," [1]
said the Prince.

"I am happy you are going
to Egypt. You have stayed
here too long. Yes, you
may kiss me."

□ heavy 심한, 많은
□ crumbs of bread 빵 부스러기
□ bakery 빵집
□ keep oneself warm ⋯을 따뜻하게 하다
□ flap (날개)를 치다, 퍼덕거리다
□ for the last time 마지막으로

"I'm not going to Egypt," said the Swallow.
"I'm going to the House of Death. Death is the brother of Sleep, isn't it?"

He kissed the Happy Prince's lips.
Then he fell down dead at his feet.
At that moment a strange cracking sound
came from inside the statue.
The Prince's lead heart had broken in two. [1]

□ death 죽음
□ kiss one's lips …의 입술에 키스를 하다
□ fall down dead 떨어져 [쓰러져] 죽다
□ at that moment 바로 그때
□ strange 이상한

□ cracking 갈라지는, 깨지는
□ sound 소리
□ come from inside …안에서 나오다 (come-came-come)
□ mayor 시장
□ dull 칙칙한, 초라한

1 break in two 두 조각이 나다, 두 개로 나뉘다
The Prince's lead heart had broken in two.
왕자의 납 심장은 두 조각이 났다.

The next morning, the Mayor and some Town
Councilors were walking through the city.
They looked up at the statue and were
surprised.

"Look at the Happy Prince!"
cried the Mayor.

"He looks very dull and shabby."

"Yes, he looks very shabby," said the
Town Councilors.

"The ruby has fallen out of his sword,"
said the Mayor.
"The sapphires from his eyes are gone. And he is
no longer covered in gold. He looks like a beggar."
"He is no longer beautiful, so he is no longer useful,"
said one of the Town Councilors.
"Look, there is a dead bird at his feet,"
said the Mayor.

☐ fall out of …에서 떨어져나가다
☐ be gone 사라지다, 없어지다
☐ no longer 더 이상 …이 아닌
☐ be allowed to+동사원형 …하는
  것이 허락되다

☐ hold a meeting 회의를 열다
  (hold-held-held)
☐ foundry 주물공장, 소각장
☐ throw ... away …을 버리다
☐ garbage 쓰레기장

"No birds are allowed to die here.

We must do something about the statue." [1]

The following day, the statue of the Happy Prince

was pulled down. ☀

The Mayor held a meeting with the Town Councilors.

They had to decide what to do with the statue.

"We must have another statue," said the Mayor.

"I think the statue should look like me."

The statue was taken to a foundry.

"This is strange," said one of the foundry workers.

"The statue's lead heart is cracked.

But it will not melt. Let's throw it away!"

The worker threw the Happy Prince's broken heart

into the garbage.

It lay next to the poor dead Swallow.

---

1 **do something about** …에 대해 어떤 조치를 취하다
We must do something about the statue.
우리는 동상에 대해 어떤 조치를 취해야 합니다.

Mini-Less☀n

See p.79

수동태: …되어지다

'~에 의해서 …되어지다'라는 수동태는 「주어+be 동사+과거분사형 동사+
(by+행위자)」로 나타냅니다.

• The statue of the Happy Prince was pulled down. 행복한 왕자의 동상은 끌어내려졌다.
• The movie was produced by the famous director. 그 영화는 유명한 감독에 의해 만들어졌다.

Far above in heaven, God commanded one of
his Angels.

"Bring me the two most precious things
in the city," he said.

The Angel flew down to the city.

He returned with the lead heart and the dead
Swallow.

God was very pleased with the Angel. [1]

"You have chosen well," said God.

"These are truly the most precious things in the
city. In my garden of Paradise, this little bird will
sing forever. And in my City of Gold, the Happy
Prince will live forever."

□ heaven 천국
□ command ···에게 명령하다
□ precious 귀중한, 중요한
□ choose 선택하다, 고르다
　(choose-chose-chosen)

□ truly 참으로, 진실로
□ paradise 천국, 낙원
□ sing 노래를 부르다
　(sing-sung-sung)

1 be pleased with ···에게 만족하다, 기뻐하다
God was very pleased with the Angel.
하느님은 천사에게 무척 만족했다.

Check-up Time!

● WORDS

빈칸에 알맞은 단어를 보기에서 골라 써넣으세요.

| flapped | held | chased | described |

1 The Swallow _____ his wings to stay warm.

2 The watchman _____ them out into the cold rain.

3 The Swallow _____ the deserts of Africa.

4 The Mayor _____ a meeting with the Town Councilors.

● STRUCTURE

빈칸에 알맞은 단어를 골라 문장을 완성하세요.

1 The watchman yelled _____ them.
   a. at   b. on   c. from

2 The Prince's lead heart had broken _____ two.
   a. of   b. with   c. in

3 The Swallow peeled _____ the fine gold.
   a. along   b. off   c. into

문장의 앞부분과 뒷부분을 본문에 나오는 내용을 생각하며 연결하세요.

1 Fly over the city • • a. look like me.

2 He saw the beggars • • b. and tell me what
you see.

3 The ruby has fallen • • c. sitting at their gates.

4 I think the statue
should • • d. out of his sword.

● SUMMARY

빈칸에 맞는 말을 골라 이야기를 완성하세요.

The Happy Prince gave all of his gold to the poor
people. He became very dull and (   ). Due to the
cold weather, the Swallow was (   ). The Happy
Prince was taken to a (   ), but his heart didn't melt.
One day an angel took the dead Swallow and the
Prince's heart to (   ).

a. dead   b. shabby

c. heaven   d. foundry

After
the Story

Reading X-File 이야기가 있는 구문 독해
Listening X-File 공개 리스닝 비밀 파일
Story in Korean 우리 글로 다시 읽기

He is so cold and hungry that he cannot write anymore.

그는 너무 춥고 배가 고파서 더 이상 글을 쓸 수가 없어.

★　★　★

추운 겨울 행복한 왕자는 다락방에서 글을 쓰는 한 가난한 청년에게 자신의 사파이어를 갖다 주라고 제비에게 말합니다. 위 문장은 행복한 왕자가 춥고 배가 고파서 더 이상 글을 쓰지 못하는 청년에 대해 설명하는 문장인데요, 이처럼 너무〔매우〕…해서 ~하다라고 표현하고 싶을 때에는 so + 형용사 + that + 주어 + 동사를 쓰면 된답니다. 행복한 왕자와 제비의 대화로 다시 한번 살펴볼까요?

Happy Prince

You flew a long way to here yesterday.
I'm sure you were really tired.

너는 어제 이곳까지 먼 길을 날아왔어. 정말 피곤했을 것 같아.

Swallow

Yes, I was so tired that I could sleep well last night.

맞아요, 어젯밤에는 너무 피곤해서 푹 잘 수 있었어요.

Miracles do happen!

기적은 정말로 일어나는구나!

★ ★ ★

제비는 행복한 왕자의 부탁으로 가난한 청년에게 사파이어를 전해줍니다. 이 문장은 제비가 놓고 간 사파이어를 발견한 청년이 무척 기뻐하며 외치는 문장인데요, 동사의 의미를 강조하기 위해 do + 동사원형을 써서 정말로〔실제로〕…하다라는 뜻을 만들고 있어요. 이때 do는 원래 동사의 시제와 인칭에 일치시켜야 한다는 것도 잊지 마세요. 그럼 가난한 청년과 행복한 왕자의 대화로 살펴볼까요?

Finally I did finish my play! Thank you for your help.

드디어 제가 정말로 희곡을 완성했어요! 도움을 주셔서 감사합니다.

Poor young man

You're welcome. I am glad that I could help you.

별말을요. 저도 당신을 도울 수 있어서 기뻐요.

Happy Prince

She must be very cold.

그녀는 무척 추울 것 임에 틀림없어.

★　★　★

추운 겨울 길에서 코트와 신발도 없이 헐벗은 채 성냥을 파는 한 소녀. 이를 본 왕자의 가슴은 찢어지고, 왕자는 위의 문장을 탄식하듯 내뱉으며 소녀를 도울 방법을 생각합니다. 이때 왕자는 …임에 틀림없다, 틀림없이 …일 것이다는 뜻의 must + 동사원형을 써서 현재 사실에 대한 강한 추측을 나타내고 있어요. 그럼 제비와 행복한 왕자의 대화로 이 표현을 다시 한번 살펴볼까요?

Swallow

All of my friends left for Egypt last night.

어젯밤에 친구들 모두가 이집트로 떠났어요.

Happy Prince

Oh, you must feel lonely.

저런, 너는 틀림없이 외롭겠구나.

The statue of the Happy Prince was pulled down.

행복한 왕자의 동상은 끌어내려졌다.

★ ★ ★

자신의 모든 것을 가난한 사람들에게 나눠준 행복한 왕자는 초라하게 변해버립니다. 이에 시의원들은 왕자의 동상을 철거하기로 결정하고, 그 결정에 따라 왕자의 동상은 끌어내려집니다. 이처럼 …에 의해서 ~되어지다라고 표현하고 싶을 때에는 주어 + be 동사 + 과거분사형 동사 + (by + 행위자)의 수동태 문장을 쓰는데요, 이 표현을 강가의 남자와 행복한 왕자의 대화로 살펴볼까요?

Man

Where did your red ruby on the sword go?

당신의 칼에 있던 빨간 루비는 어디로 갔나요?

Happy Prince

It was taken by the little Swallow. He gave it to a poor woman.

작은 제비가 가져갔어요. 제비가 가난한 여인에게 루비를 줬어요.

01 부드럽게 발음해 주세요, 플라잉~

어려운 [f] 발음, 아랫입술을 지긋이 물고 발음해 주세요.

우리말에 없는 발음인 [f], 어떻게 해야 원어민과 가장 비슷하게 발음할 수 있을까요? [f] 발음을 위해서는 먼저 윗니를 아랫입술의 시작 부분에 살짝 얹어준 다음, 그 상태에서 바람을 지긋이 내뿜어 주세요. 이렇게 하면 윗니와 아랫니 사이로 바람이 스쳐가면서 자연스러운 [f] 발음이 만들어진답니다. 어렵게만 느껴졌던 [f] 발음, 이제 좀 쉽게 할 수 있겠죠? 본문 19쪽에서 함께 확인해 볼까요?

One winter night, a little Swallow flew over the city. He was (   ) to Egypt to meet his friends.

flying 윗입술을 아랫입술에 살짝 얹고 지긋이 바람을 내뿜으면서 [플라잉]이라고 하늘을 날아가듯 가볍게 발음해 보세요.

02 중복되는 자음은 한 번만!

bus stop은 뒤의 s만 발음해 주세요.

bus stop처럼 동일한 자음이 연이어 나오는 경우에는 어떻게 발음해야 할까요? 원어민들의 발음을 자세히 들어보면 [버스 스땁]이라고 s를 두 번 발음하지 않고 [버스땁]처럼 한 번만 발음한답니다. 이렇게 같은 자음이 중복되는 경우에는 주로 앞의 자음을 생략하고 뒤의 자음을 한 번만 발음하는 경우가 많아요. 본문 36쪽에서 함께 살펴볼까요?

The Swallow flew in and dropped the ruby
(   ) the woman's hand.

next to 이제 [넥스ㅌ 투]라고 발음하지 않겠죠? 위에서 설명한 것처럼 t가 중복되므로 앞의 t를 생략하고 뒤의 t만 발음해 [넥스투]라고 발음해 주세요.

03 발음의 고수만이 할 수 있는 girl~

girl의 r과 l은 모두 발음해야 해요.

girl의 정확한 발음을 알고 있나요? r 다음에 l을 이어서 발음해야 하는 경우에는 약해지거나 생략되는 자음 없이 두 자음 모두 제대로 발음해야 해요. 일단 gir까지 [거어ㄹ]라고 발음해 주고 그 뒤에 l을 붙여 [으ㄹ]를 연결해서 발음해 보세요. r과 l을 각각 연습한 뒤에 두 자음을 연결해서 발음하면 조금 더 쉽게 할 수 있을 거예요. 그럼 본문 50쪽에서 확인해 볼까요?

"There is a little (　　　) selling matches in the street below," said the Happy Prince.

girl 단순히 [걸]이 아닌 r과 l발음을 각각
제대로 살려서 [거어ㄹ으ㄹ]로 발음해 주세요.

girl

04 man과 men은 같은 발음?

[æ]와 [e]는 확실하게 구분해 주세요.

man과 men을 듣고 구분할 수 있나요? 두 단어의 발음은 비슷하게 들리지만 사실 같지 않답니다. man의 a는 입에 힘을 주고 옆으로 최대한 크게 벌려서 [애]로 발음합니다. 하지만 men의 e는 입을 많이 벌리지 않고 입꼬리를 옆으로 살짝 올려 [에]로 발음해야 한답니다. 이제 확실히 구분할 수 있겠죠? 본문 69쪽에서 다시 살펴볼까요?

"The statue's lead heart is (①). But it will not (②). Let's throw it away!"

① **cracked** 입을 옆으로 힘껏 크게 벌려서 [크랙트]로 발음해 주면 됩니다.

② **melt** 입을 많이 벌리지 않고 입꼬리에 살짝 힘을 줘서 [멜트]라고 발음하면 된답니다.

man or men?

1장 | 아름다운 금빛 동상

p.16~17 행복한 왕자의 동상은 거대한 기둥 위 도시를 내려다보는 곳에 서 있었다. 그는 아주 우아하고 아름다웠다. 그의 몸은 얇은 금 조각들로 덮여 있었다. 두 눈은 빛나는 푸른색 사파이어였다. 그리고 그의 칼 손잡이에는 크고 붉은 루비가 밝게 빛나고 있었다. 도시의 시민들 모두가 왕자를 보고 매우 감탄했다.

"그는 풍향계만큼 아름답네요, 하지만 실용적이지는 않네요." 한 시의원이 말했다.

p.18~19 "이 도시에서 누군가는 행복하다니 다행이군." 슬퍼보이는 한 남자가 중얼거렸다.

"네가 행복한 왕자 같으면 좋겠구나. 그는 절대 울지 않는단다. 그는 항상 행복하거든." 한 엄마가 울고 있는 아들에게 말했다.

"그는 천사와 꼭 닮았어." 몇 명의 아이들이 동상을 보고 말했다.

어느 겨울 밤, 작은 제비 한 마리가 도시 위로 날아왔다. 그는 친구들을 만나러 이집트로 가고 있는 중이었다. 친구들은 몇 주 전에 떠났지만, 제비는 뒤에 남았다. 제비는 이른 봄에 한 아름다운 갈대와 사랑에 빠졌다.

p.20~21 갈대는 키가 크고 날씬했고, 다른 갈대들과 강가에 살았다.

"너를 사랑해." 제비가 말했다.

제비는 봄과 여름 내내 갈대 주변을 날아다녔다. 다른 제비들은 작은 제비가 어리석다고 생각했다.

"어떻게 갈대와 사랑에 빠질 수가 있니?" 그들은 비웃었다.

"갈대는 돈도 없고 친척도 너무 많아. 그녀는 네가 이집트로 떠나도 너를 그리워하지 않을 거야." 그들이 말했다.

가을이 오자, 모든 제비들이 떠났다. 하지만 제비는 뒤에 남았다. 그는 아름다운 갈대 곁을 떠나고 싶지 않았다. 시간이 지나자 그는 외로웠다. 그는 친구들이 그리웠다.

"그녀는 너무 조용해. 그리고 그녀는 항상 바람하고만 시시덕거려. 아무래도 그녀가 나를 사랑하지 않는 것 같아." 그는 말했다.

p.22~23 어느 날, 제비가 물었다. "나와 함께 이집트에 가서 햇볕 속에서 놀래?"

"아니, 나는 여기 내 집이 좋아." 갈대가 말했다.

"너는 내 생각은 전혀 하지 않는구나. 나는 피라미드를 보러 갈 거야. 잘 있어." 제비가 말했다.

제비는 하루 종일 날아갔다. 그날 저녁, 그는 행복한 왕자가 있는 도시에 도착했다.

'난 무척 피곤한데 오늘 밤 어디서 쉬면 좋을까? 이 도시에 잠자기 좋은 장소가 많이 있으면 좋겠어.' 제비가 생각했다.

p.24~25 그때 그는 행복한 왕자의 동상을 보았다.

"쉬기에 딱 좋은 장소로 보이는군. 사람과 동물들로부터 떨어져 높이서 있어. 그리고 신선한 공기도 많아." 제비가 말했다.

제비는 동상 쪽으로 날아가서, 행복한 왕자의 발 사이에 내렸다. 그는 금색 동상의 아름다움에 감탄했다.

"정말 아름다운 동상이네. 이제 나는 금색 침실을 갖게 되었어." 제비가 말했다.

제비가 거의 잠이 들었을 무렵, 큰 물방울 하나가 제비의 몸 위에 떨어졌다.

"이상한 일이네. 하늘에는 구름도 없고 별도 맑고 밝게 빛나고 있는데." 제비가 말했다.

그때 또 한 방울이 떨어졌다.

"여기는 좋은 장소가 아니야. 다른 잠잘 곳을 찾아봐야겠어." 제비가 말했다.

하지만 제비가 날아가기 전에, 한 방울이 제비 몸 위에 떨어졌다. 그는 금색 동상의 얼굴을 올려다 보았다. 행복한 왕자의 눈에서 눈물이 흘러나와 금색 뺨을 타고 흘러내리고 있었다.

2장 | 행복한 왕자

p.28~29 "당신은 누구세요?" 작은 제비가 물었다.

"나는 행복한 왕자란다." 동상이 대답했다.

"하지만 당신은 행복해 보이지 않아요. 당신은 울고 있잖아요. 난 당신의 눈물에 거의 익사할 뻔 했어요." 제비가 말했다.

"나도 한때는 살아 있었어. 나는 아름다운 궁전에서 살았지. 하루 종일 멋진 정원에서 놀다가, 밤이 되면 커다란 방에서 춤을 췄어. 나는 무척이나 행복했고, 내 친구들은 나를 행복한 왕자라고 불렀어." 행복한 왕자는 슬프게 말했다.

"도시에 있는 다른 사람들은 보지 못했나요?" 작은 제비가 물었다.

"아니, 정원은 높은 벽으로 둘러싸여 있었어. 나는 한번도 밖에 나가본 적이 없었지. 성벽 밖의 슬픔과 고통에 대해서는 전혀 몰랐어." 행복한 왕자가 대답했다.

p.30~31 행복한 왕자가 말을 이었다. "내가 죽었을 때, 시의회에서는 나를 닮은 동상을 만들기로 결정했어. 이제 나는 도시의 모든 비참함과 고통을 지켜보고 있지. 내 심장은 납으로 만들어져 있지만, 눈물을 멈출 수가 없어."

'나는 그가 순금으로 만들어졌다고 생각했는데.' 제비가 생각했다. 하지만 제비는 아무 말도 하지 않았다.

"나는 끔찍한 것들을 많이 본단. 이 도시에 가난한 집이 있어. 창문을 통해서 피곤에 지쳐 탁자에 앉은 한 여자가 보여. 그녀의 얼굴은 여위었고 손은 거칠어. 그녀는 양재사이고, 열심히 일을 해. 여왕의 궁녀가 입을 드레스에 꽃을 달고 있어. 궁녀는 다음 번 궁중 무도회에 그 드레스를 입고 갈 거야." 왕자가 말했다.

p.32~33 "하지만 그녀의 어린 아들이 많이 아파. 아이는 열이 나고 울고 있어. 여자는 음식을 살 돈이 없어. 아이에게 줄 것이라고는 강물밖에 없어. 제비야, 작은 제비야, 나는 발이 고정되어 있어서 움직일 수가 없어. 내 칼에 있는 루비를 떼어 그 여자에게 좀 갖다 주렴." 왕자가 말했다.

"하지만 난 이집트로 가야 해요. 친구들이 나를 기다리고 있어요. 지금쯤 그들은 나일강 위를 날아가고 있을 거예요. 그리고 그들은 따뜻한 햇볕과 연꽃을 즐길 거예요. 곧 위대한 이집트 왕의 무덤을 보게 되겠죠." 제비가 말했다.

"제비야, 작은 제비야. 제발 하룻밤만 내 곁에 머물러줘. 나의 심부름꾼이 돼줘! 아이가 아파서, 엄마가 무척 슬퍼하고 있어."

"전 남자아이들을 좋아하지 않아요. 지난 여름에 남자아이 두 명이 나에게 돌을 던졌어요. 돌에 맞지는 않았지만, 그 일로 난 아직도 화가 나있어요." 제비가 대답했다.

p.34~35 제비는 행복한 왕자를 올려다봤다. 그는 슬퍼 보였고, 작은 제비는 그가 안쓰럽게 느껴졌다.

"이곳은 춥지만, 하룻밤은 당신 곁에 머물게요. 그리고 당신의 심부름꾼이 될게요."
제비가 말했다.

"고마워, 작은 제비야." 왕자가 말했다.

그래서 제비는 칼에서 루비를 떼어냈다. 그는 성당 탑 위에 있는 하얀색 돌로 만들어진 천사들 위를 날아갔다. 그는 궁전을 지나면서 음악 소리를 들었다. 그리고 제비는 항구 위를 날아가며 배에서 흘러나오는 불빛들을 보았다. 그는 도시 중심가 위를 날아가며 물건을 파는 상인들을 보았다.

p.36~37 마침내 제비는 양재사의 집에 도착했다. 그는 창문을 들여다보았다. 여자는 매우 피곤한 얼굴로 잠들어 있었다. 어린 남자아이는 침대에 잠들어 있었다. 아이는 열 때문에 땀을 흘리고 있었고, 자면서 신음소리를 내고 있었다.

제비는 집안으로 들어가서 여자의 손 옆에 루비를 떨어뜨렸다. 그리고 남자아이 쪽으로 날아갔다. 제비는 남자아이의 머리 주위에서 자신의 날개로 부채질을 했다.

"시원해진 느낌이 들어. 아마도 몸이 좋아지고 있나 봐."
남자아이가 작은 목소리로 말했다.

그리고 남자아이는 평화로운 잠에 빠져들었다.

p.38~39 제비는 행복한 왕자에게 돌아갔다.

"당신이 부탁한 일을 다 했어요. 날씨는 무척 춥지만, 지금 몸이 꽤 따뜻한 느낌이 들어요." 제비가 말했다.

"그것은 네가 좋은 일을 했기 때문에 느끼는 행복이야." 왕자가 말했다.

작은 제비는 너무 피곤해서, 왕자의 발치에서 곤히 잠들었다.

다음 날 아침, 제비는 강으로 날아가 목욕을 했다. 한 남자가 강가에서 새들을 관찰하고 있었다. 그는 제비를 보자 말했다. "겨울에 제비를 보다니 정말 이상한 일이네!"

'오늘 밤 나는 이집트로 가야지.' 제비가 생각했다.

제비는 도시의 모든 멋진 건축물들을 둘러 보았다. 제비는 무척 즐거웠다.

3장 | 제비야, 작은 제비야

p.42~43 하늘에 달이 뜨자, 제비는 행복한 왕자에게 다시 날아갔다.

"이집트에 전해 줄 소식이 있나요? 난 거의 떠날 준비가 되었거든요." 제비가 말했다.

"제비야, 작은 제비야. 제발 나와 함께 하룻밤만 더 있어다오." 왕자가 말했다.

"하지만 나는 가야 해요. 친구들이 이집트에서 나를 기다리고 있어요. 그들은 내일 큰 폭포로 갈 거예요. 그들은 에메랄드 빛의 녹색 눈을 가진 사자들을 볼 거예요. 아침이 되면 사자들이 물을 마시러 폭포 근처로 올 거예요." 제비가 대답했다.

p.44~45 "제비야, 작은 제비야. 제발 오늘 밤에 떠나지 말아다오. 이 도시의 먼 곳에 있는 추운 다락방에 한 청년이 있어. 청년은 종이가 가득 덮인 책상에 앉아 있어. 그는 극장 감독을 위해 희곡을 쓰려고 하는 중이야. 하지만 그는 너무 춥고 배가 고파서 더 이상 글을 쓸 수가 없어. 그는 음식과 땔감을 살 돈이 없어. 제발 하룻밤만 더 머물러 줘." 왕자가 말했다.

제비는 왕자의 말을 거절할 수가 없었다.

"하룻밤만 더 있을게요. 청년에게 다른 루비를 갖다 줄까요?" 제비가 말했다.

"이제 루비는 없어. 내게 남은 것은 내 눈에 있는 두 개의 사파이어뿐이야. 오래 전에 인도에서 온 거야. 제비야, 작은 제비야. 제발 사파이어 하나를 청년에게 갖다 줘. 사파이어를 팔면 음식과 땔감을 살 수 있을 거야. 그러면 그는 자신의 희곡을 완성할 거야." 왕자가 말했다.

p.46~47 "사랑하는 왕자님, 나는 당신의 눈을 뽑을 수 없어요!" 제비가 외쳤다.

"제비야, 작은 제비야. 제발 내 부탁대로 해 줘." 왕자가 말했다.

제비는 잠시 망설였다. 그는 왕자의 머리 쪽으로 가서 왕자의 눈 하나를 뽑았다. 그리고 가난한 청년의 다락방으로 날아갔다. 지붕에 난 구멍을 통해 제비는 집 안으로 들어갔다. 청년은 손에 머리를 묻고 있었다. 그는 제비의 날갯소리를 듣지 못했다. 제비가 떠난 뒤, 청년은 책상에 놓인 아름다운 사파이어를 발견했다.

"기적은 정말로 일어나는구나! 나는 이제 음식과 땔감을 살 수 있고, 내 희곡을 완성할 수도 있어!" 청년이 행복하게 소리쳤다.

p.48~49 다음 날, 제비는 항구로 날아갔다. 그는 큰 배의 돛대에 앉아서 선원들이 일하는 것을 지켜보았다.

"나는 이집트로 갈 거야!" 제비가 소리쳤다.

하지만 제비의 말을 듣는 사람은 아무도 없었다. 밤하늘에 달이 떠오르자, 그는 행복한 왕자에게 돌아갔다.

"작별 인사를 하러 왔어요." 제비가 말했다.

"제비야, 작은 제비야. 제발 내 곁에 하룻밤만 더 머물러 다오." 왕자가 말했다.

"이제 겨울이에요. 곧 차디찬 눈이 내릴 거예요. 이집트에는 야자나무 위로 태양이 따뜻하게 내리쬐고 있어요. 악어들은 한가롭게 진흙에 누워 있고요. 그리고 내 친구들은 바알베크 신전에 둥지를 틀고 있을 거예요."

p.50~51 "하지만 나는 너의 도움이 필요해." 왕자가 말했다.

"사랑하는 왕자님, 나는 당신을 떠나야만 해요. 하지만 당신을 절대 잊지 않을게요. 내년 봄에 꼭 돌아오겠다고 약속할게요. 당신의 눈에는 사파이어를, 칼에는 루비를 가져다 드릴게요." 제비가 말했다.

"저 길 아래쪽에 성냥팔이 소녀가 있어. 소녀가 파는 성냥이 도랑에 빠져서 못쓰게 되었어. 봐, 소녀가 울고 있어." 왕자가 말했다.

작은 제비는 길에 있는 소녀를 내려다보았다.

"저런, 불쌍한 소녀네요! 그녀는 무척 추울 것임에 틀림없어요." 제비가 말했다.

"소녀는 신발도 없고 코트도 없어. 나의 다른 한쪽 눈을 뽑아서 소녀에게 주렴. 만약 집에 돈을 한 푼도 가져가지 못하면 아버지에게 매를 맞을 거야." 왕자가 말했다.

p.52~53 "하룻밤을 더 머무를게요. 하지만 당신의 다른 한쪽 눈을 뽑을 수는 없어요. 당신이 앞을 못 보게 되잖아요!" 제비가 말했다.

"제비야, 작은 제비야. 제발 내 부탁대로 해 줘." 왕자가 말했다.

그래서 제비는 왕자의 눈에서 마지막 사파이어를 뽑았다. 제비는 작은 소녀에게 날아가 손에 사파이어를 떨어뜨렸다.

"정말 아름다운 유리 조각이네!" 작은 소녀가 외쳤다.

소녀는 활짝 웃으며 아버지에게 보여주려고 집으로 달려갔다. 제비는 왕자에게 돌아왔다.

"이제 당신은 앞이 보이지 않아요. 영원히 당신 곁을 떠나지 않을게요." 작은 제비가 말했다.

"오, 아니야, 작은 제비야. 너는 이집트로 가야 해. 친구들이 기다리고 있잖아." 왕자가 말했다.

"내가 당신의 눈이 되겠어요. 그리고 당신 곁에 영원히 있겠어요." 제비가 말했다. 제비는 왕자의 발치에 앉아 잠이 들었다.

4장 | 충성과 사랑

p.58~59 행복한 왕자는 눈이 멀었고, 제비는 매일 왕자의 어깨에 앉았다. 제비는 왕자에게 세계의 신비한 곳들에 대해서 많은 이야기를 했다. 제비는 나일강, 스핑크스, 그리고 아프리카의 사막들에 대해 설명했다. 제비는 낙타와 코끼리와 같은 여러 동물들에 대해서 이야기를 했다. 행복한 왕자는 무척 즐겁게 제비의 이야기들을 들었다.

"제비야, 작은 제비야, 너는 재미있는 것들을 많이 봤구나. 하지만 이 중에서 가장 중요한 것은 사람들의 고통이란다. 도시로 날아가 네가 본 것을 나에게 말해다오." 왕자가 말했다.

p.60~61 제비는 왕자의 눈이 되어, 도시를 날아다녔다. 그는 부유한 사람들이 자기들의 큰 집에서 편안하게 사는 것을 보았다. 그는 거지들이 남은 음식을 기다리며 부잣집 대문에 앉아 있는 것을 보았다. 그리고 어두운 골목길에서 내다보는 굶주린 아이들의 창백한 얼굴을 보았다.

다리 아래에 어린 남자아이 두 명이 서로 안고 있는 것을 보았다. 그들은 추위를 이겨내려 애쓰고 있었다. 하지만 순찰대원은 그들에게 소리를 질렀다.

"여기서 나가! 여기 있으면 안 돼."

그리고 나서 순찰대원은 그들을 차가운 빗속으로 내쫓았다.

p.62~63 제비는 돌아와서 왕자에게 모든 것을 말했다. 행복한 왕자는 무척이나 슬퍼했다.

"내 몸은 순금으로 덮여 있어. 내 몸에 있는 금을 떼어서 가난한 사람들에게 나누어 주렴." 왕자가 말했다.

제비는 순금을 벗겨내 가난한 사람들에게 나눠 주었다. 금이 모두 사라지자, 왕자는 칙칙하고 초라하게 변했다. 하지만 거리의 사람들의 얼굴에 환한 미소가 생겨났다.

"이제 우리에게 먹을 것이 생겼어!" 그들은 행복하게 소리쳤다.

행복한 왕자는 다시 행복해졌다.

p.64~65 도시에 많은 눈이 내렸다. 불쌍한 작은 제비는 점점 더 추워졌다. 하지만 그는 왕자를 사랑했고, 자신이 결코 왕자 곁을 떠나지 못할 것이라는 것을 알았다. 그는 빵집 밖에서 빵 부스러기를 주워 먹었다. 제비는 날개를 퍼덕여 몸을 따뜻하게 하려고 했다. 하지만 그는 자신이 곧 죽을 것이라는 것을 알고 있었다. 제비는 마지막으로 왕자의 어깨로 날아갔다.

"안녕히 계세요, 왕자님. 가기 전에 키스를 해도 될까요?" 제비가 말했다.

"이제 네가 이곳을 떠날 때가 되었구나. 네가 이집트로 간다니 나도 기쁘구나. 너는 여기에 너무 오래 머물렀어. 좋아, 나에게 키스해 주렴." 왕자가 말했다.

p.66~67 "나는 이집트로 가는 것이 아니에요. 죽음의 집으로 간답니다. 죽음은 잠의 형제예요, 그렇죠?" 제비가 말했다.

그는 행복한 왕자의 입술에 키스를 했다. 그리고 나서 왕자의 발치로 떨어져 죽었다. 그 순간 동상의 가슴 속에서 쩍하고 갈라지는 이상한 소리가 났다. 납으로 만든 왕자의 심장이 두 조각으로 갈라졌다.

다음 날 아침, 시장과 시의원들이 시내를 걷고 있었다. 그들은 동상을 올려다보고 깜짝 놀랐다.

"행복한 왕자를 봐! 정말 칙칙하고 초라해 보이는군." 시장이 말했다.

"그렇네요, 동상이 정말 초라해 보이네요." 시의원들이 말했다.

p.68~69 "칼에 있던 루비가 떨어졌어. 눈에 있던 사파이어도 떨어졌고. 그리고 몸에 있던 금도 사라졌어. 동상이 거지같아 보이는군." 시장이 말했다.

"더 이상 아름답지 않으니, 더 이상 쓸모가 없네요." 한 시의원이 말했다.

"저기를 봐, 왕자의 발치에 새가 죽어 있어. 앞으로 이곳에서 새들이 죽어서는 안 돼. 동상에 무슨 조치를 취해야겠어." 시장이 말했다.

다음 날, 행복한 왕자의 동상이 끌어내려졌다. 시장은 시의원들과 회의를 했다. 그들은 동상을 어떻게 처리할 것인지 결정했다.

"다른 동상을 만들어야겠어. 내 모습을 닮은 동상으로 말이야." 시장이 말했다.

동상은 주물 공장으로 옮겨졌다.

"이상한 일이군. 납으로 만든 동상의 심장이 깨졌는데, 녹지 않아. 그냥 갖다 버리세!" 주물 공장의 한 일꾼이 말했다.

일꾼은 행복한 왕자의 조각난 심장을 쓰레기통에 버렸다. 그것은 불쌍한 죽은 제비 옆에 놓였다.

p.70~71 하늘 높은 곳에서, 하느님이 천사 한 명에게 명령했다.

"저 도시에서 가장 귀중한 것 두 가지를 내게 가져오너라." 하느님이 말했다.

천사가 도시로 날아갔다. 천사는 납으로 만든 심장과 죽은 제비를 가지고 돌아왔다.

하느님은 천사의 선택에 매우 만족해하며 말했다.

"정말 훌륭한 선택이구나. 저 도시에서 정말로 가장 귀중한 것들이구나. 이 작은 새는 천국의 정원에서 영원히 노래를 부를 것이다. 그리고 행복한 왕자는 황금으로 만든 도시에서 영원히 살 것이다." 하느님이 말했다.